L'INSTANT D'AMOUR

Illustration de l'Auteure

Mentions légales : ©2020-MarieTUYET
Edition : BoD- Books on Demand, 12/14 rond-point des Champs Elysées, 75008 PARIS.
Impression : BoD-Books on Demand, Norderstedt, Allemagne.
N° ISBN : 9782322204472
Dépôt légal : Février 2020.

MARIE TUYET

L'INSTANT D'AMOUR

Edition : BoD- Books on Demand, 12/14 rond-point des Champs Elysées, 75008 PARIS.

Laisse- la venir l'ombre messagère

Qui marche à tâtons cherchant la lumière,
Laisse-la passer, la parole obscure,
Le cantique éclos au sombre marais.

Max Rouquette,
L'ombre messagère, Le Tourment de la Licorne.

DÉLIQUESCENCE

> « J'effondrerai des cieux la voûte dérisoire
> Je ferai bouillonner les mondes dans leur gloire
> Et qui T'y cherchera
> Ne T'y trouvera pas ».
>
> Leconte de Lisle, « Noces Barbares »

QUEL EST-CE MONDE QUI ?

Quel est-ce monde qui ose tant le parjure
Et confond l'innocence pour cacher ses souillures ?

Quel est ce monde qui d'un seul claquement de langue
Détrône les petits, d'un seul regard, harangue ?

Quel est ce monde qui décrète que la femme
N'aura jamais d'esprit et n'est qu'un corps sans âme ?

Quel est ce monde qui s'autorise en tout lieu
Le blasphème et la guerre, et le mépris des Dieux ?
Et qui n'a d'autre gloire que celle de l'offense
Du massacre des êtres qui restent sans défense ?

Il en est jusqu'aux rivières séchées jusqu'en leur lit
Et aux forêts primaires qu'à petit feu l'on détruit
Tous les peuples des airs, des eaux, des feuilles, des mers,
Le moindre souffle premier qui a porté la terre
Et qui lutte nu et sans arme dans le cercle de Vie
Transcendant chaque drame en un amour sans cri…

Où sont donc les hommes qui braveront le parjure

Protégeant l'innocence par-delà les souillures ?

Où sont donc les hommes qui de la seule force de l'Âme
Détrôneront les méchants, les pourvoyeurs de drames ?

Où sont les êtres qui savent qu'en chaque femme
S'engendre le cosmos par la grandeur de l'âme ?

Où sont les êtres qui, oseront en tout lieu
Et sans arme ni haine accepter tous les dieux ?

Ils se cachent dans les rires des âmes en devenir
En chaque instant présent, qui n'ont pas peur de dire :
« Nous sommes les hommes du monde, du monde en devenir
Qu'importe le présent qu'il nous faudra souffrir… ».

Le 5/08/2016

HOMO DEUS.

« Si vous ne pouvez battre la machine, le mieux est de devenir la machine ».

EON MUSK, fondateur d'OPEN A.I
(Intelligence artificielle).
***

Époque ultime de la raison déraison
Homme relégué à sa plus simple expression
De lui-même
Robotisation de l'âme
Du cœur
Du vrai
Les géants du DATA
Sur l'homme font une O.P.A

Au nom du modernisme
Nous ensevelissent
Bain d'hébétude béate
Dégradant l'homme au plus bas
De l'échelle des vivants

Époque ultime de la raison déraison

Créatures, Création, mortes saisons
Des âmes inutiles où
Le robot a tout pouvoir et l'homme
N'est plus utile à rien

L'ange-noir abat ses dernières cartes
Le roi du monde et des âmes
Qu'il a piégées a tout gagné

Puisque même les abysses d'où proviennent toute vie
Sont mortes même les étoiles tombent sur
La terre qui craque et crache le feu qui tue
Les bêtes les plantes les hommes
Montent les mers à l'assaut de la terre

Homo Sapiens, la créature de Dieu, cède la place à
Homo Deus, la créature du Diable, usurpant Le Nom Suprême
De Celui qui toujours EST,
En qui il n'a jamais voulu croire
Et qui pourtant donne Souffle et Vie.

Les Enfants du Jour pleurent la déchéance du monde
Et de la terre sans âme devenue.

Le 5/08/2016

DÉRIVE.

Dérive ! Dérive des peuples qui applaudissent !
Tandis que nos âmes vidées d'elles-mêmes s'engloutissent…

Dérive ! Dérive des hommes qui crient
En un seul chœur : *« au génie ! »*,

Le génie maléfique d'une poignée d'omniscients
Qui dominent les peuples en les abrutissant !

Oh je vois clair, oui je vois clair en ce monde
Qui conduit le blasphème au point de non -retour…

Ils iront sans vergogne vers les galaxies vierges
Planter leurs bannières tramées de privilèges
Pour tisser sur le monde les mailles du filet
Qu'en puissante araignée ils pourront contrôler !

Sommes-nous depuis toujours les jouets
De l'ange noir et de ses sbires ?
Lucifer jubile !
Tout est à ses pieds…

Jusqu'au jour du Grand Livre

Et du retour des anges
Annoncé.

Le 19/02/2019

QU'ATTENDS-TU ?

Quand te décideras-tu ô Âme
À te dresser sur tes pieds ?

Quand te décideras-tu ô Âme
À sortir de ta prison dorée ?

Tu te gaves tu te gaves de choses inutiles
Insatiable quête où seul le futile
Te passionne et t'inquiète !

Combien d'années encore perdues
À poursuivre le superflu ?

Las ! Tu te noies et t'embourbes
Aux vains marais des voluptés
Quand succombe la terre
Aux larmes des rejetés…

Quand renverseras-tu les vents mauvais
Des mépris et des haines des douleurs et des chaînes
De ceux qui s'engloutissent
Aux jougs de l'égoïsme ?

Ô soifs abyssales de la terre en péril !
Que fais-tu encore là, perdue en ces îles
Prise aux filets de Calypso la nymphe ?

Ne sais-tu pas qu'elle n'est que légende et chimère ?
Pourquoi laisser périr les petits de la terre
Tandis que tu possèdes le feu sacré des dieux ?

Pauvre Ulysse enlisé aux chants illusoires
Des sirènes de l'ombre n'ayant d'autre intérêt
Que de te garder pour elles, loin de ce qui t'appelle
Et de qui vraiment tu es....

Attends-tu l'heure ultime du corps où la mort
Aura-tout consumé ?
Mais il sera trop tard
Et tu auras tout tué :
La terre et les peuples, et l'âme de ton corps
... Qui n'aura rien voulu donner.

Le 12/04/2019.

TRANCHÉES.

L'homme est plein de tranchées et de murs qu'il se créés
Et pourtant sait -il qu'il peut, d'une rive à l'autre, sans peine, traverser ?
Mais il préfère les masques et jeux subtils
Quand bien même sa vie ne tient plus qu'à un fil…

Sauver les apparences, sauver
Sauver en dépit de tout sauver
Ses mensonges et ses ruses
Pauvre Vérité recluse…

Des limites, des frontières, des quartiers,
Des enceintes, des murailles, des cités
Des langages, des couleurs, des ethnies
Des pensées, des croyances, maladies
Autant de pauvretés
À traverser sans peur
De l'autre et des outrages

Sauver les apparences, sauver
Sauver en dépit de tout sauver
Ses mensonges et ses ruses
Pauvre Vérité recluse…

Le monde meurt
De si peu d'audace et de courage

Le monde meurt
De si peu de l'autre…

Le 7/08/2019

JE N'IRAI PAS PAR VOS CHEMINS.

Je n'irai pas par vos chemins, de haine et d'imposture
Même si je pleure comme vous le monde et ses fêlures
Non ! je n'irai pas par vos chemins, qui loin d'unir tout divise
Et qui autant colères que rages, se font tonnerres et tout détruisent

… même si je pleure comme vous le monde et ses fêlures…

Pourquoi les ruines et le chaos ? Pourquoi le poing, le verbe haut ?
Ressort la guillotine, en référence aux origines !!!
Non je ne m'inscrirai pas, dans cette confuse tourmente
Qui fait de la terreur la loi de nos valeurs courantes

… même si je pleure comme vous le monde et ses fêlures…

Destruction. Peur. Insurrection !
Ressortent les pavés, les piques et les injures,
Les esprits affolés, en rangs serrés, accourent !
Leurs détresses font le lit des Marat et Danton !
Peut-on se targuer d'être libre,
Quand du sang et de l'oppression
Se revendique une « Nation »
Qui se dit légitime ?
Combien d'innocents sont les victimes
Des combats cyniques de ceux
Qui tout autour d'eux tout opprime ?

Aux quatre coins du globe et de l'histoire
Encore et encore les vieux grimoires
De ceux qui font et défont les nations
Au nom de ceux dont ils usurpent le nom !

Il est tant de choses qu'on nous fait croire…
Un jour, Vérité triomphera de l'Histoire
Tomberont les masques des agitateurs
Prêts à tout pour s'assurer que leur gloire
Se gonfle du sang de ceux qu'ils apeurent

… se disant compagnons de route et d'esclavage…

Non je n'irai pas sur vos chemins
Il en est de plus doux
Et qui n'ont d'autre étendard
Que la paix sans courroux
Et l'unité
Sans gloire.

LE COMBAT DES ANGES

« Chacun des grains de cette pierre, chaque éclat minéral de cette montagne pleine de lui, à lui seul, forme un monde.

La lutte elle-même vers les sommets suffit à remplir un cœur d'homme ».

Albert Camus.

LE VIDE ET LE PLEIN.

I.

Dans le néant des jours chercher une lumière
Qui dessine un chemin dans les brumes des heures
Quand las, usé de tout, dévasté par les guerres
Intérieures de l'âme, l'espérance se meurt…

Abyssales abîmes de l'humain sans espoir
Qui contemple son vide en son pauvre miroir
Ni rocher ni boussole en ce vide si noir
Tout s'effondre, se brise, aux lames du désespoir…

Se rue et se fracasse la violence des flots
Sous d'amères pensées et le poison des mots,
Qui tels des vampires fous, se ruent comme des bourreaux
Sur le cœur horrifié, le déchirent en lambeaux.

Violence de l'esprit qui ne sait où aller
En ce vide abyssal, vers où donc se tourner ?
Où donc trouver refuge et pouvoir apaiser
Misères silencieuses, infinies pauvretés,

Qui sans bruit ni témoin peuvent tout emporter
Si l'âme n'ose pas, vers l'autre,
… de Vie, crier.

II.

Il est des vides qui sont abîmes
De tourbillons et désespoirs
Telles des tornades qui m'aspirent
Danses infernales dans des trous noirs.

Il est des vides qui sont déserts
De sécheresses obstruant l'air
Où jours et nuits languissent et meurent
Sans horizon, nouvelles lueurs.

Il est des vides qui sont des riens
Où je suis Paix où je suis bien
Quand se conduisent les assauts
Hors des enceintes du château,

Il est des vides qui sont des paix
Douceurs paisibles, miels, délices
Où pas un bruit ici ne glisse,
Sereine l'âme, en ses secrets.

Il est des vides qui sont des pleins

Quand tout à coup l'âme s'embrase
Au feu sacré d'Amour divin
Qui la saisit dans son extase…

Il n'y a plus ni Vide ni Plein
Car l'un et l'autre sont une seule chose
Comme la source est faite d'eau
Et comme l'eau vient de la source.

Puis je comprends que ces néants
Ne sont rien d'autres qu'en moi-même
Que pauvretés à contempler
Et accueillir, comme Grâce Suprême…

Pour le jour où, sortant du feu,
Mon âme d'or se révèle.

Le 15/09/2019.

LE COMBAT DES ANGES.

Dans un fracas de ciel et de terre le monde s'enténèbre à la fournaise des jours…
Tout bascule, s'effondre et s'entremêle, et les hommes ne savent plus
Quoi faire ni quoi penser.

Des haines, des crachats, des morts de femmes et d'enfants,
Des pays qui vomissent leurs peuples en les rejetant comme des chiens,
Des vieillards qui meurent seuls dans l'indifférence des êtres …

La détresse humaine frappe à toutes les portes,
Dans les forteresses de plaisirs insatiables et futiles
Les cœurs s'enferment à double-tour
Et s'étourdissent au long des jours…

Parfois une chandelle s'allume. Quelqu'un prie sur la terre. Quelqu'un aime.
Quelqu'un ouvre une porte, tend une main, donne du pain.
Quelqu'un ose. Ouvrir une brèche, rompre un silence,
Essuyer une larme, poser un mot, donner un rire …

Anges de la terre… jetant des ponts vers ceux du Ciel,
qui savent le prix du sang et de la haine, et combien inéluctable est l'Amour …

Anges du Ciel… semant l'Amour dans les étoiles des âmes, tissant une paix, pour ouvrir une route par la Lumière qu'ils savent…

Sur le pont des tourmentes ils sont là.
Ils n'ont pas peur du soufre, et même les abîmes se laissent toucher par leur Grâce.

Le monde ne peut rien contre eux.
Mais ils peuvent tout pour le monde.

Le 25/11/2019

LE CHANT DES ESCLAVES.

Et j'entends et j'entends les pas lourds enchaînés des hommes qu'on a pris
Pas une plainte, pas un seul cri
Mais des chants qui montent de la terre qui s'ensanglante
Mais des pieds nus martelant la poussière des insultes et mépris
Mais des mains qui invoquent le Nom béni
Le Nom de Celui qui jamais ne se nomme, mais transcende toute chose :

- *Ô Lord ! Be my freedom, be !*

Les bêtes féroces n'étaient pas dans la savane de l'Afrique Noire saignée à blanc
Mais dans les coups et tortures des hommes « supérieurs » …

Et j'entends, et j'entends une voix d'Homme qui monte
C'est la voix du père de ton père et de la mère de ta mère
Vague après vague, onde après onde, elles s'unissent et retombent
En écumes d'espoirs et d'âmes toujours dignes
Résonne le tam tam des hommes libres :

- *Ô Lord ! Be my Soul, be !*

Rien ne peut les réduire en poussière d'os et de drames, rien !
Car la mort est d'abord celle de celui
Qui tue par avarice et détruit
L'autre jusqu'aux cendres du parjure et de l'oubli !

Et j'entends et j'entends ce chant d'esclaves noirs
Qui depuis mon enfance me fait trembler de vie
Et je pleure et je pleure sur l'homme blanc, ce désespoir :

- *Ô Lord ! Be my Support, be !*

Le 15/03/2019.

LES DÉLAISSÉES.

Marie Noël, *Les Chants de la Merci*, poème *Captive* :

« …/ Comment donc a-t-il fait, cet homme dont la main
Redresse avec douceur une branche qui ploie,
Las ! comment a-t-il fait pour m'enlever ma joie,
Lui qui gagne mon pain ?

Et pour changer l'Enfant qui le suivait hier
Avec tous ses oiseaux du printemps en son âme
Pour la changer si tôt, si vite, en vieille femme,
Glacée avant l'hiver… ? »

***

Et elles pleurent et elles pleurent
Les désavouées
Pourtant sont-elles moins belles
Pourtant sont-elles plus bêtes
Que celles qui happent,
Les cœurs aimés ?

À peine devenues mères
Déjà désavouées
Plus même un seul regard
Sur leurs cheveux défaits…

- *Où t'en es-tu allé*
  Mon Bel Aimé ?

Alors les babillements de l'enfant
Pour leur ravir le cœur
Et l'Amour triomphant
Pour recombler les heures…

- *N'étais-je donc que l'exutoire*
  De ton impétueux désir ?
  Pourquoi me faire ta Reine
  Si plus rien ne t'attire ?

  -Où t'en es-tu parti
  Ô Mon Bel Aimé ?

Ce soir la lune pleure
Et la biche au fond du bois
A froid.

Et l'habitude des jours

Se referme tour à tour
Sur les rêves d'espoir
Et les désirs d'amour…

Et elles pleurent et elles pleurent
Les délaissées
Ne restent que les gestes,
Un à un répétés,
Et les ombres qui glissent
Côte à côte
Sans penser…

Car la pensée fait mal, fait mal à en crever
Et précipite la chute de celles qui osent croire encore
En l'Amour
Retrouvé.

Le 15/03/2019

DEVENIR DEMAIN.

Tu criais seul debout dans des torrents de nuit
Quand d'un seul coup, un jour, te renversa la Vie :

« - Quel est ce chagrin lourd qui alourdit mes jours ?
Quel est ce poison noir qui enfonce son dard ?
Et mon cœur inutile vidé de son amour
Et ma vie d'Homme Libre, retrouveront-ils le jour ?
Je n'ai plus d'horizon, le Ciel t'a reprise
Morts sont la maison, nos rêves dans la brise. »

Se pourrait-il que tout ne meure un jour
Que pour ouvrir les cœurs à son noyau d'amour ?
Et le faire devenir, à travers ses naufrages
Nouveau port et pays, pour de nouveaux voyages ?
De ces voyages-là qui n'auront pas de fin
Où rires larmes et joie seront notre seul bagage
Où paix rires et joie seront notre seul bandage …

« -Ma vie est morte hier, mais la Vie recommence
Comme une vague infinie qui jamais ne se lasse
De ressouffler l'Amour pour de nouvelles danses
Le brise de mes rêves ouvre une nouvelle passe…

Et je peux vivre enfin et chanter sur la terre
J'ai un nouvel habit, mon cœur n'est plus de pierre
Oui je peux vivre alors et revêtir mon âme
De mille pétales d'or pour de nouvelles flammes ».

Depuis les fleurs sourient et ton cœur peut guérir
Se répandent des parfums pour de nouveaux chemins
Et si parfois encore ton cœur tremble et chavire
Tout peut s'ouvrir encore et devenir Demain
Tout peut encore s'écrire, et devenir Demain.

Le 16/11/2019.

TU DIS QUE LA LUMIÈRE.

Tu dis que la Lumière bien loin de toi s'enfuit
Qu'elle est un trompe-misère, à toi seulement, les nuits.
Tu dis que les hivers n'ont d'aurore que la mort
Que seule la colère te libérera des sorts.

Et tu erres et tu erres au fil des saisons
Ton âme est en enfer, ton cœur tourne en rond…

Que filent les nuages loin de ton cœur meurtri
On dit que les orages creusent de nouveaux pays,
Tu dis que la Lumière c'est pour les autres et toi
Tu erres dans la poussière comme un pantin de bois.

Tu sais que la Vie est miracle d'Amour
Et qu'en un pauvre *Oui* réapparaît le Jour…

Promets-moi Petite Âme, quand ton cœur est trop lourd,
De t'offrir sans un bruit au Transcendant Amour
Celui qui se révèle au silence des larmes
Petit souffle de Vie à l'oreille des âmes…
Dans le fracas des drames la paix est un noyau
Un germe riche et droit qu'on ne devine pas

Caché dans les boues noires des tourments et des maux
Attend sa délivrance tandis que l'on se noie…

Mais il est là ! Mais il est là !

Chaque fois le printemps recommence sa danse
Quand s'affranchit le Moi, il redevient semence
Ce qui appelle à vivre est contenu en toi
Pour s'épancher et vivre il n'attend rien que toi.

Vois ce nouveau pays ! cette nouvelle rive !
Les nuits sont des aurores qui ne disent pas leur nom
On meurt avec les choses comme partent les saisons
Le temps qui brise hier, demain nous en délivre…

Quand on a tout pleuré et qu'il ne reste plus
Qu'un pauvre désert béant aux vents des solitudes
Émerge une Île neuve des larmes de l'âme nue
Tirée de la poussière, rendue aux Multitudes.
Et tu peux dire, et tu peux dire :
 « *-Vie, me voici !* »

Le 16/11/2019.

AUX VENTS DES SOLITUDES.

Souffrir, souffrir aux vents des solitudes
s'offrir aux turpitudes
des courants contraires

Ne pas lutter contre, non ! ne pas lutter contre !
pour que ne se perde aucune promesse
du Nouveau Jour

Que ce qui était perdu s'ouvre,
Et devienne
Pur germe d'Amour...

Alors je serai ce chant nouveau,
Comme une terre qui n'a pas encore de nom,
Prête à vivre.

Le 15/01/2020.

DÉLIVRANCE.

Entre ce qui EST et ce qui tombe
Tisser, tisser
Des souffles de Vie, de réconfort,
Que s'entrevoie le Port
De tous les ancrages,
Et que reviennent les âmes
Perdues sur les flots sans mesure
Des cœurs éperdus, des cœurs éperdus
D'Amour…

Entre ce qui tient et qui s'ébranle
Tisser, tisser,
Des fils de paix
Des liens de Vrai

Entre ce qui espère et ce qui tremble
Tisser, tisser,
Des perles de vie
Aux chaînes des peines…

Alors je te dirai ton Nom :
Celui qui s'appelle : Destinée.
Celui qui se nomme : Promesse de Toi.
Celui qui t'attendait depuis toujours
Mais que dans tes larmes, ne voyais pas.

Je te dirai ton Nom.
Et ta Paix comme une Reine viendra vers toi
Et tu pourras dire à la Terre :
« Me voici ! «
Et tu pourras dire à la Vie :
« Je suis ROI. ».

Le 4/01/2020.

ET SI L'AMOUR.

Et si l'Amour était ce que tu pleures depuis toujours
Et s'il pouvait d'un trait réenchanter tes jours
Et s'il pouvait d'un jet faire s'effondrer tes tours ?

L'Amour peut tout.

Se heurtent les cœurs à leurs propres barrières
Entre ses murs, l'âme, inutile, prisonnière,

Exilée sur la terre de ses déserts elle erre,

Ne sait plus
Ne croit plus
Ne veut plus

Oser l'Amour.

Le 18/11/2019.

IL Y AVAIT.

Dans l'Aurore du jour gronde l'horreur du monde
Et la Vie pleure des larmes d'Amour
Qui ne peuvent pas se donner…

Il y avait un Dieu d'Amour, il y avait un Dieu d'Amour…

Mais les hommes sont trop fiers, mais les hommes sont trop pleins
Trop pleins d'eux-mêmes et de choses qui précipitent leur chute
Et sur les joues des innocents la Terre crie des larmes de sang…

Il marchait parmi nous, Il marchait parmi nous…

Dans l'Aurore du jour gronde l'horreur du monde
Et je ne sais que faire et je ne sais que faire…

Il relevait de la poussière les âmes mortes des parjures…

Il disait : « Heureux les cœurs purs ! Heureux les cœurs d'enfant ! »
« Heureux ceux qui pleurent ! Heureux de Paix, les artisans ! ».

… Il est mort dans des ruisseaux de sang…

Mais dans la nuit des hommes des cœurs se sont ouverts
Ils ont bu dans l'Aube neuve l'eau qui ne tarit jamais

« Heureux ceux qui ont soif de justice et de paix !
Ils seront rassasiés ! »…

Un Royaume du cœur est-il chose impossible ?
Quand tout crie et meurt, en se trompant de cible ?

Il disait : *« Heureux ceux qui souffrent, le Royaume est à eux ! »…*

Dans l'Aurore du jour gronde l'horreur du monde
Et les hommes pleurent ces larmes d'Amour
… Qu'ils ne veulent pas donner…

Le 04/01/2020.

LA GRÂCE DE L'INSTANT.

I.
Que se délivrent les cœurs dans un bruissement de Vie
Se redressent les âmes des enfants perdus...
Ils ont peur de grandir les enfants de la terre
Et se perdent et se perdent aux bourbiers de l'ennui.

Leur montrer qu'une Aube est possible,
Dans l'enthousiasme de leur fraîcheur
Déçue.

Ô que le monde puisse encore rêver !
Et se réenfanter Monde dans l'Enfance des jours...

Se réenfanter

Terre
Ciel
Vie.

II.
Que les voiles se déchirent et s'ouvrent !
En cet instant du temps où tout est possible
Et qui se nomme… Présent !

Présent du cœur où seul le geste pur et libre peut être posé
Où la Parole belle et vraie peut être dite…

En cette Grâce d'instant tout s'arrête et se pose
Dans la course du temps seul ici tout peut être

Présent d'un battement de cœur comme un bruissement d'ailes
Qui n'appartient ni au passé ni à demain
Qui est juste ce qui est, et peut devenir ce qu'on en fait,
Là,
Juste là.

Ô que le monde puisse encore rêver !
Et se réenfanter Monde dans la Grâce du Jour…

Le 7 /12/2019.

DOLMEN.

Je cherche un chemin à travers les fougères
Et les bruyères se touchent du revers de la main.
Tout près de la source, des traces de vestiges …
L'homme ici est passé.
C'était le temps d'avant les âges
Et des pierres oubliées.

Toucher la peau des pierres
Rêver aux mondes perdus

Ici peut-être tinta un rire d'enfant
Qui creusa, il y a bien longtemps,
Un petit trou dans l'air…

Tendre sa main
En recueillir le souffle…

Une feuille s'envole et vient mourir
Les saisons se succèdent dans la brise
Et se perdent éperdues aux vertiges des vents.

Le 6/12/2019

BEAUTÉ EN GERME.

À toi sont donnés le courage des jours
La force des mains
L'énergie du cœur droit

Mystère du levain au creux des heures naissantes
Mystère du sel et de l'eau qui deviennent du pain

À la terre n'est-il pas donné de l'eau ?
À la nuit n'est-il pas donné des étoiles ?
Aux fleurs des germes et aux prés des semences ?

À toi est donné l'esprit de l'âme noble
Celle qui peut tout transformer
Celle qui possède l'Espoir et les clés
Qui ouvrent aux chemins de Paix,
- malgré les cris de ceux qui façonnent le monde à leur mesure
et l'ébranlent jusqu'à la voûte des Cieux,

Mystère du levain au creux des heures naissantes !
Mystère du sel et de l'eau qui deviennent du pain !

À toi est donné tout ce qui appelle à vivre :
La Beauté en germe.

Le 4/01/2020.

ENTENDS-TU ?

Entends-tu le chuchotis des arbres dans le murmure de l'Aube ?

Le jour ne sait pas qu'il est Jour.
La nuit ne sait pas qu'elle est Nuit.
Mais toi tu es d'Amour et ne le sais aussi.

Entends-tu le murmure de la Source au soir qui pâlit ?

Le soir ne sait pas qu'il est Soir.
La pluie ne sait pas qu'elle est Pluie.

Mais la Source est Source
Et le chant de la Vie m'emporte au-delà de mes savoirs
Et alors, m'accomplit.

Le 18/11/2019.

LES LARMES DE LA MER.
(Mort de mon ami d'enfance Laurent)

Et je pleure pour toi du haut de la falaise
Les larmes de la mer mon ami
Tu sais, de ces larmes-là dont sont faites les vagues
De ces larmes -là qui ne meurent jamais car
Elles recommencent toujours sans jamais se lasser,

Comme toi, phœnix invétéré, se battant contre vents et marées
Par tous les temps, par tous les vents, debout, combattant
Les larmes de la mer se changent en écumes blanches d'oiseau
Et s'envolent
S'envolent si haut que même les nuages sont tout étourdis de Lumière

Et je te vois debout dans la Lumière
Si près du haut de la falaise que je peux te toucher
Ô que se touche la Paix sur les rives nouvelles !
Après tant de nuits de luttes et de douleurs sans fond,
Tu sauras la trouver :

Dans une trouée de nuages, un rayon de Lumière
Pour te porter très haut, tu ne pourras te tromper,

Et nos cœurs t'y verront chaque fois qu'ils chuchoteront ton nom.

Fuerteventura,
Falaises de La Pared,
le 16/08/2019

LE CHANT DES BLESSURES.

Il est des blessures vivantes, connues ou méconnues,
Qui traînent depuis l'Enfance, Seigneur, les connais-Tu ?

Tapies dans l'ombre des mémoires
Tandis qu'on les croit résolues
Attendent sans bruit le désespoir
Qui tout mettra à nu.

Parfois morsures, parfois rampantes
Griffes crochues, chaînes pesantes
Au moindre battement de cil
Petit faux-pas, mot malhabile

Et les voilà sur nous, ces vagues qui submergent
Et qui dévastent tout.

Pauvre pantin d'argile,
Creuset des douleurs d'infortune
Combien de chutes encore
Pour délivrer son chant de Lune ?

Je voudrais être un ange aux libres ailes de soie

Pour m'arracher toujours des chaînes qui m'oppriment
Toi seul, Ô Dieu peut me sauver. Car tu les connais toutes
Ces blessures qui me tuent,
Pour elles T'es mortifié.

Alors je Te l'offre ce chant de blessures vivantes
Et tout ce qui en moi souffre et saigne

Je ne suis rien, je le sais bien
Dans la course des astres
Mais d'un seul jet d'Amour, d'un rien,
Sauve ton poétastre…

Et me voici Lumière,
D'un trait suis consumée.
Prière d'Amour, Prière,
D'un trait suis délivrée.

Septembre 2019.

FULGURANCE.

Des anges je sais comme une fulgurance d'Amour
Un faisceau de lumière sur mon cœur qui a soif
De cette Vie que je porte en moi sans bien même la comprendre
Et qui me fait rire et pleurer et espérer la Joie.

Des hommes je sais cette course folle du monde
Et des lois qui chavirent aux tourments des doutes sans espoir
Quand les heures s'entrechoquent entre elles comme des vagues
Éclatent sur le roc, d'elles-mêmes, puis nous broient…

Un seul cri de Vie et soudain fond comme un vol d'ange,
Une Lumière de Vie qui me traverse et se pose
Sur ce cœur d'Homme que je suis
Et qui soudain voit et reconnaît la Vie.

Le 7/08/2019

L'INSTANT D'AMOUR

"Avec l'œil du cœur, je vis mon Seigneur.
Et Lui dis : qui es-Tu ?
Il me dit : Toi".

Mansour Al Hallaj.

Cela m'appelle. *Cela* me parle. *Cela* me prend. *Cela* me révèle.
Cela.
Cette chose du Ciel, très belle, qui vient sur moi puis œuvre en moi.
Cette grande chose.

                              C'est une grande chose, difficile à nommer.
                    Parce qu'elle n'a pas de corps encore, ni de forme.
                                            C'est une Inspiration.

Puis elle voudra naître et devenir quelque chose.
Pour la Terre
Pour l'homme en jachère
Pour la Joie
Pour la paix.
Pour comprendre l'autre…

Ce petit souffle sur mon âme
Qui cherche à vivre.

Ce corps qu'elle aura, ce sera le mien
car c'est celui qu'elle aura choisi pour être.
Elle l'aura choisi par mon âme.
Alors *Cela* montera du cœur
Et deviendra *quelque chose*.

Qui dit que le corps est l'ennemi de l'homme ?
Sans le corps, l'Amour n'a pas de forme.

Sans le corps, seulement des anges et des fleurs.

Alors l'Homme, l'Homme debout,
Victorieux des ombres.

Le 10/01/2020.

LA PREMIÈRE NUIT DE NOËL.
La marche des mages et le chant des bergers.

LA MARCHE DES MAGES.

« - Qui es-tu Étoile, et d'où vient ta Lumière ?

  - D'où je viens, Ô Rois, tout brille et étincelle.

Suivez-moi.
Sur la Terre des hommes,
Nulle autre Splendeur. ».

J'ai demandé aux pierres des chemins :

« *- Avez-vous vu Celui que mon cœur cherche ?* »
Mais elles sont restées muettes.

J'ai demandé à l'aigle en vol :
« - Où est Celui que mon Cœur aime ? ».
Mais il s'est enfui dans le Ciel.

À la neige et aux froidures, j'ai dit :
« - Combien de ravins, combiens de montagnes encore ? »

Mais dans le Noir des choses tout se tait et rien ne se révèle.

« - Quel est ce Mystère qui brûle au désert ? ».

À nous les hommes, toutes les soifs et l'âpreté du cœur…

Aux abîmes et aux gouffres
J'ai accroché mes doutes.

*Et je marcherai encore
Jusqu'à l'Aube que Tu diras.*

« - *Et vous princes et seigneurs du monde,*
Montrez-nous le chemin qui mène au Roi des Âmes ! ».

Ils nous ont ri au nez, comme d'autres ont pris peur et refermé leur porte.

Alors nous avons repris le Chemin.

« - *Tu dis qu'un Enfant-Dieu nous attend quelque part.*
Où est-Il ?
Où est-Il que je puisse faire Silence et Lui rendre Gloire ? ».

LA CHANSON DU BERGER.

« - Chante mon pipeau ! danse mon troupeau !

J'ai vu une Lumière comme une chorale d'anges
Et les collines se sont penchées sur un pauvre berceau

Un petit enfant d'homme dans le froid de la nuit
S'est blotti dans mon cœur, m'a transpercé de Vie. ».

Et je chante pour Toi un chant que je ne connais pas.

Et j'ai dit à la Source : « - *Écoute mon cœur qui cogne !* ».
Et j'ai dit à la Terre : « - *Écoute mon cœur qui bat !* ».
Mais c'était comme si le monde dormait et n'entendait pas.

« - Ô Lumière de cette Nuit que je n'oublierai pas !
Garde-moi en ce Mystère d'Amour,
Que jamais je ne m'éloigne de Toi ! ».

Et je dis à Celui que mon cœur aime :

« - Viens ! je suis le jour nouveau !
et Toi, mon Aurore, sur mes pages vierges,
Viens écrire celui que je ne suis pas encore… »

Dans la rosée perle aux branches le Chant du Jour.

« S'ouvrent mes ailes d'oiseau.
Voici que je me fonds
Au Chant du petit jour…. ».

L'ÉTOILE :

Cette Nuit- là, qui a vu ? Qui a su ?
Seuls de pauvres bergers et une poignée de rois.

Mais la Terre ne fut plus une terre
Et les hommes ne furent plus ni des pauvres ni des rois.

Mais des âmes ! Mais des âmes neuves
De nouveau nées
Avec Toi.

Le 21 décembre 2019.

ET LES CLOCHES SONNAIENT.
Incendie de Notre Dame de Paris.

Et les cloches sonnaient solennelles et puissantes
Tandis que les cendres sous les larmes fumaient
Les yeux rivés au Ciel des âmes en attente
Ne disaient pas un mot, quand tous les cœurs priaient.

Eût-il fallu soudain qu'une flèche s'effondre
Pour que les arrogances et violences inouïes
Tout à coup par les flammes se consument puis fondent
Et que s'ouvrent les cœurs des peuples enfin unis ?

Un seul chant ! Une seule âme !
Debout ! Cœurs endormis !
À l'appel des flammes
Sortir de la nuit !

Notre Dame a parlé.
De ses mains nous bénit.
S'apaise le brasier
Au chant des tout-petits.

Le 15 avril 2019 .

j'ai vu dans l'Aurore venir vers nous comme des Vierges blanches.

Elles s'avançaient, et elles disaient :

« - Nous veux-tu ?
Nous sommes les Vertus.
Nous combattons sans haine les forces des ombres
Car le temps est venu
De vaincre par les âmes ce qui afflige et peu à peu vous tue.
Le monde ne nous sait plus.
Car les haines ont tendu un voile sombre
Entre les hommes et LE VRAI. »

Alors ce fut comme un chagrin immense qui me prit.
Et je vis la terre à feu et à sang
Et sangloter les mères dans les bras des enfants.

Je tombai à genoux et leur dis :

« - Venez mes Sœurs, vous abriter en ma demeure.
J'ai allumé la lampe du feu qui toujours brille,
Sans Vous je ne peux rien être et mon cœur
Est ce bateau sans voile qui pleure au long des nuits. »

Alors du fond des nuits s'entendit comme un chant.

Il enveloppa la terre de son manteau aimant.

Et je sus.

Le 15/01/2020.

LES SEMAILLES ET LES MOISSONS,
Poèmes du temps qui passe.

C'est un été qui se meurt dans un chant de cigales
Avec un vieux puits dont l'eau attend qu'on la puise…
C'est un rire suspendu entre deux nuages
Comme un rêve qui s'éclaire dans l'Aurore d'un couchant,
Une chandelle qu'on allume et s'écoule
En larmes de cire,
Un silence qui n'est pas triste
Parce qu'il est rempli des souvenirs qui tintent
Comme des grelots légers,
Et que le vent des finitudes
N'a pas encore au loin, emporté,
Cet âge entre deux âges…

Cet âge entre deux âges
Riche d'hier et qui s'ouvre en grand
À cet instant présent qui autrefois
Ne se trouvait pas car
Il y avait tant d'urgence à vivre…

Il sait maintenant ce qui doit mourir et ce qu'on doit laisser partir
Ce qui fait mal ce qui est bon

Il sait choisir l'ombre ou ce qui peut monter vers le Ciel
Le prix de l'âme qui a trouvé le chemin
Qui mène au feu dans l'âtre
Et à toutes les saisons,
Le chant des semailles
Le chant des moissons
Le geste qu'il faut faire
Le mot qu'on peut taire

Parce que c'est là qu'il nous faut être
Pour que s'éclaire enfin la Vie.

Le 7/12/2019

Méditation de l'Ermite dans la montagne de Chine.

∗∗∗

I. REMPLIR SON SEAU DANS LA MONTAGNE.

Le paysage immense appelle l'ermite dans la montagne.
Il s'assoit tout en haut d'un rocher.
Il attend sans attendre.
Regarde sans voir.
Se tait pour entendre.

Soudain, toute la montagne vient à lui.

Un chant frissonne aux branches des bambous et des saules.
Près d'un petit pont
S'ondoient les eaux tranquilles.

Il partira bien avant le soleil
Poser ses pas aux marches de la nuit.
Froide l'haleine humide des montagnes et des ombres,
Aucun bruit.

                        À la source, il remplira son seau.
                           Juste ce qu'il faut pour vivre.
                             Puis il reviendra par le soleil
                                Tout éclaboussé d'aurore.

Il a surpris le vol de l'aigle au-dessus des brumes,

Glissant dans l'air il se tient là.
Nul autre que lui ne le sait,
Nul autre que lui ne le voit.

                        Pourquoi redescendre tout en bas ?
                              Dans la vallée des bruits
                              Dans la cité des drames
                                  Ici glisse la pensée
                                Libre de toute attache.

La Vie est pure pensée
Une en tous ses aspects.
Et l'âme offerte ne sait plus
Qui d'elle-même ou de la fleur
S'ouvre à la Vie.

                        Accéder à la porte des Mystères.
                                Se dépouiller de tout…
                          Le sentier dans la montagne
                            Le conduira en lieu sûr.

Le soir vient.

Dans une baie embrumée, des barques et sampans amarrés,
Somnolence du jour tranquille.
La femme du pêcheur prépare le feu
Et allume la lampe.

Et sur ce promontoire, ni Terre, ni Ciel.
Ici le souffle essentiel est entré
Réalisant l'unité des êtres et des choses
Que plus rien ne sépare.

                                  Au cœur de la Nature parle
                                      Le Messager Divin.

Ô Bonheur indicible de celui qui s'est dépouillé !
Au bout de la falaise il sourit aux abîmes.
Plus jamais il ne sera à eux.

                          Qu'importent les heures ? Le moine n'a plus peur.
                                          Qu'il médite ou qu'il marche
                                              Qu'il dorme ou qu'il prie
                                                  Qu'il parle ou se taise
                                                        Le Ciel est en lui.

Le labeur n'est plus un labeur.

Le courage n'est plus le courage.
Les luttes ne sont plus des luttes.
Les doutes ne sont plus des doutes
Et la paresse s'est envolée dans les nuages.

Il n'y a plus que la Source
Qui danse dans la montagne.

II. LE CHANT DE L'OISEAU MORT.

L'oiseau est mort dans la montagne.
Qui le sait ? Qui le voit ?
Personne ne pleure sa mort.
La forêt tout entière se tait.
Il n'est personne pour porter son chant plus haut,
Et ses larmes en trilles jusqu'au chemin des anges,
Qui les prendra ? Qui les prendra ?

L'oiseau est mort et la forêt peut-être aussi.
Mais qu'en sais-tu ? Qu'en sais-tu ?
Non, il chante l'oiseau mort !
Il chante ! par la sève des pins qui craque aux branches
Et deviendra le bourgeon nouveau dans le chant d'autres oiseaux,

Il chante par la rivière qui soupire dans l'aube des ondes claires du jour…
Et les airs vivants le savent bien eux
Que l'oiseau n'est pas mort pour toujours !
Ce qu'il a donné de lui à la Vie quand il était oiseau
Sera bourgeon nouveau et semence de joie pour la Terre en attente,
Assoiffée de Vie.

Le soir tombe. Qui se souvient de l'oiseau ?
La brume pousse ses voiles de fantômes blancs.

Soudain une plainte s'entend dans le vent qui mugit.
Une plainte de loup qui a mal et ne sait plus trouver un chemin pour vivre.

Le moine presse le pas. Il a marché tout le jour.

Mais les ombres des arbres noirs de nuit déchirent
Jusqu'aux rêves d'Espérance qui viennent là
Et se brisent aux abîmes.

Qui crie ? Qui pleure ?
La montagne gronde et se tord aux bourraques.
La pluie tombe, âpre et drue. *Vite ! Il faut faire vite !*

Ce matin l'oiseau est mort dans la montagne.
Qui a su ? Qui a vu ?

Et la plainte se mêle aux soufres de l'orage.
C'est un jeune homme perdu.
Dans l'opaque de la nuit et les cris de tourmente

Nulle trouée dans la brume.

Le moine presse le pas. *Vite ! Il faut faire vite !*
Une âme perdue…

Dans un sursaut de foudre un arbre noir se tort
Et déchire même le vent des larmes
L'orage fait rage. *Ô s'accrocher aux branches inertes du désespoir…*

Le moine le trouve là, évanoui en cette étreinte de foudre
Naufragé de la nuit et des jours en errance,
Que seules ballottent les mouvances des hommes poussés à la dérive…

Il y avait un oiseau mort ce matin dans la montagne,
Et ce soir une âme perdue presque sans vie.

En son cœur tant de luttes et de haines
Et des poings serrés qui saignent à force de s'être tant battus.
Il avait fermé la porte de l'Enfance pour toujours
Et jeté la clé dans les abysses pour ne jamais plus la trouver.
Il avait asséché le puits des larmes
Et étouffé le cri d'amour
Pour que plus jamais il ne chante encore,
Et même le désespoir ne savait plus
Qu'il était perdu.

Mais les montagnes ont des rivières et des forêts et des oiseaux
Ils chantent chaque jour le jour nouveau !
Et quand la nuit s'éteint aux heures du petit jour
C'est pour ce chant de Vie qui se recréé toujours

Chaque nuit d'horreur ou de souffre a une Aurore à éclore
Et en cette âme close, tout fut déposé un jour…
Mais il ne le sait pas encore, le jeune homme labouré !
Demain sera un autre jour.

Au pied d'une Source de Vie, le moine prie.
Et son chant de Silence souffle sur l'Âme endormie.
Car elle ne sait pas encore
Le chant de l'oiseau mort,
Ni qu'elle revient peu à peu
À la Vie.

Mai 2019.

L'ÉNAMOURÉE.

Écoute ce chant que je veux dire !

L'on me dit Femme, et je le suis.
Cela veut dire : je suis un Chant.
Un chant d'oiseau et de rivière qui monte
Et peut rendre le monde plus beau et fertile,
si tu m'aimes…
Si tu m'aimes,
un chant infini qui me transcende et me fait rire de choses si infimes
que seules les fleurs les voient.

Mais qu'importe ! Car si tu m'aimes, je suis un Chant.
Et je ne veux rien d'autre pour être, car tu me deviens parure et gemme,
Un chant de nuit ensemencé d'étoiles pour qu'elle ne soit jamais obscure
Et pour élever tes larmes au plus haut de la rosée du jour.

Je contiens tout ce qui peut s'aimer et être aimé : le sais-tu ?
Du petit brin d'herbe assoiffé d'étoiles, tout a besoin d'amour
Et je cours et je vole sur la terre désolée qui ne sait plus qu'elle est une Âme …

Et si tu m'aimes, et si tu m'aimes, je serai ton propre Chant,
Celui qui veille tes nuits comme tes jours
Car par toute Femme s'engendre l'Amour
Et de toutes les façons qui soient.

Aussi, ne crains pas quand je cours vers les larmes de ceux qui ont soif et cherchent du pain,
Aussi, ne rejette pas ma main qui cherche la tienne
aux heures où la nuit ressemble à un murmure d'amour,
Car sinon je deviens ce mendiant qui n'a plus de terre ni de rêve
Et les nuits sont des hivers sans fin
Où même l'Amour ne trouve plus son chemin…

Je suis un Chant.
Et j'aime, et j'aime,
Jusqu'aux frontières de l'obscur et du non-sens,
Et j'aime, et j'aime
Malgré moi, malgré tout
Et même l'obscure pâlissure des ombres non encore nées de la Lumière vivante
Je la fais mienne,
Car mon âme est ainsi faite qu'elle sait depuis toujours les Nombres,
Et tout ce qu'ils contiennent d'Amour,

Tandis que le monde et ses âmes fantômes enfoncent leur course folle au point de non-retour …

Et toi, Tu es l'autre côté de moi-même,
Celui qui me prolonge et me fait naître,
Promis à mon côté quand je n'étais que poussière…

Tu es celui qui me fait être, celui pour qui je marche et pleure…
Et quand le monde t'attire et veut te prendre en ses pièges,
Alors j'entends l'univers qui pleure
Car hors de nous, il ne peut plus être engendré,
Si l'on nous sépare, si l'on nous déchire,
Et si nos corps ne sont plus rien d'autre à l'âme
Qu'une pauvre barque sans dérive…

Quel est ce méfait qui fait que les hommes ne voient en la Femme qu'un corps à prendre,
Quand nous sommes Source et Chant, et pouvons ouvrir le Ciel et ses beautés vivantes
À l'homme qu'on aime ?

Mon âme est ma seule vêture
Et je ne veux d'autre terre que nous, car en nous tout EST
Et il n'existe rien d'autre que le Ciel et la Terre
Car l'un sans l'autres, Homme et Femme meurent.

Toi et moi, mon Amour, unis pour toujours,
Pour sauver la Vie d'avant les âges et recréer celle de ce jour
Et te dire que l'Amour,
C'est nous !

Aussi ensemble mourons ! Mourons à nos passions illusoires
Pour que se délivrent enfin nos nuits dans l'enfantement du petit jour !
Puisque tu es celui que mon corps et mon cœur aime du plus profond de l'Univers
Et que sans toi je ne suis qu'un monde vidé d'Amour…

Alors je danse dans le vent, je danse à chaque instant
L'oiseau et la rivière, l'enfant et les lumières,
Dans les brisures des mots entrecoupés de silence,
Dans les joies et les doutes et chaque soulèvement de nos cœurs
Qui palpitent et cherchent le puits nouveau du jour,
Je danse.
Je ris dans les ondes du rire que tu projettes sur mes ombres
Et quand tu me prends la main, alors la Vie tout entière se dit
Et déroule ses ailes d'oiseau…

Et quand se ferment mes yeux sur tes lèvres de silence et de joie
C'est pour connaître combien j'aime ce qui de toi monte et s'enivre

Et peut nous faire toi et moi, Reine et Roi pour toujours…
Car tu es la joie du monde, le rire du monde et tous ses possibles
Sans toi je ne suis rien qu'une pauvre terre fertile
Livrée aux courants inutiles,
Un gémissement du temps emporté dans les vents …

Debout sur la Terre du monde tu te tiens *là*.
Tu ouvres seul, en silence, les chemins que tu portes,
Sans jamais te plaindre, ni craindre la sueur des jours sans pain ni sens…
Et je sais bien, moi, que c'est pour moi que tu les déroules sous mes pas…

Tu es *Celui -ci*, ô ma Vie !
Celui-ci que le Ciel me donne.
Et ton rire haut et clair me dit chaque fois :
« N'aies pas peur !
Nous sommes la lumière de l'autre,
L'horizon du monde et de la Vie, c'est nous ».

Alors qu'importent les mystères et nos pauvres misères
Je suis Tout, je ne suis Rien,
Et voici que tu viens…

Sur l'horizon du monde se lève l'Aurore du monde
Et nous engendre, Homme et Femme, sans fin.

Mars 2019

SUR LE ROND DE LA TERRE.

Sur le rond de la terre je danse de joie
Je tombe à genoux dans un éclaboussement d'étoiles
Et dessous l'opale de la Lune naissante
Je dis aux étoiles : *Merci !*
Et je chante aux Murmures : *Merci !*
Et je pleure au Silence le chant pur des larmes,
L'allégresse de l'âme
Qui brûle de Vie dans la Nuit.

Le 3/01/2020.

Il se nourrit des murmures,
Le chant d'oiseau dans la rivière,

Et les pierres du chemin ne seront jamais tristes

En elles, un souvenir d'oiseau,

Le chant de la pierre.

                                                              Le 15/01/2020.

Et je suis sûre, Ô j'en suis sûre !
C'est parce que c'est chez nous !
… que le soleil ici s'enivre aux cimes des arbres
et ensoleille jusqu'aux pierres des chemins

- *Ailleurs, son éclat serait-il plus clair ?*

Oui, c'est parce que c'est chez nous !
… que glisse le parfum des roses dans le parfum du thym
puis monte aux feuilles tandis que le vent tremble et soupire…

Ici, la brise marine n'est jamais loin

C'est parce que c'est chez nous !

Cette terre de garrigue où l'iode et l'écume caressent les pins
Cette terre d'hommes et d'enfants qui courent libres
Tout resplendissants de la lumière des nuages et des vignes…

Les rêves s'enveloppent de brume
comme s'entendent des rires aux rondeurs des collines,

Comme s'ouvre mon cœur
au doux chant de la terre qui s'exhale
jusqu'à l'éther.

Le 15/01/2020.

QUE PASSE LE TEMPS.

C'est un pleur de caillou qui traverse l'Espace
Sur cette terre des quatre vents où mon cœur
S'ouvre à la béance du Temps
Qui m'use et me polit dans la rivière des songes
et des choses illusoires…

C'est un chant de caillou qui danse et me consume
Pour me rendre à cette Vie d'avant les mondes
Et moi, sur les sentiers asséchés de mes déserts vides
Je tremble aux Mystères
du Jour et de la Nuit.

Dans l'Infinitude de mon âme nue
Ma vie est une flamme qui danse et vient mourir
Tandis que mon corps se fane pour la rendre à la Vie…

Ô mon Amour ! Tiens-moi bien la main
Voici que je m'empoussière peu à peu à l'or des chemins…

Il nous faudra nous aussi un jour entrer dans l'hiver

Mais je sais le roulis de l'eau et des ondes
Qui caressent les galets du rivage des ombres
Et se fondent alors au travail des heures…

Et je te vois sourire dans la froidure qui vient.
Ô mon Amour ! Tenons-nous bien la main !
Que le vent dans les branches n'ait plus jamais froid,
C'est pour nous que l'Aurore nous révèle ses pas …

Que passe le temps comme passe la brume,
Se dessine la Vie aux rives du jour
Que revive la flamme dans l'âtre qui fume
Pour que tout passe et roule et retourne à l'Amour…

Le 20/11/2019

VIENDRA LE JOUR.

Viendra le jour, oh il viendra !
Ce jour où je n'aurai plus de voix
Plus de voix pour parler aux nuages
Ni écouter le vent dans le tronc creux
Des arbres qui vivent et qui meurent

Ni pour frôler avec mes ailes le murmure
Des brises d'oiseaux quand la rivière frissonne
Sous les éclats des écumes et des rires
Et que tout se tait dans le monde
Quand il a tout pleuré de lui et des hommes,
Et qu'il ne reste rien.

Plus de voix ni de larmes pour couler
Sur les blessures, car je suis devenue
Toutes les blessures des hommes et du monde…

Ce jour viendra, dans un crépuscule d'automne
Et de chanson triste d'enfant qui ne croira plus
Aux fées et aux anges

Ni aux licornes sur la lande,
Car même l'arc-en-ciel aura perdu
Ses couleurs de joie et tous ses rires d'Amour

… Si le monde continue de nourrir la bête immonde
Des haines, des misères et des drames
Même le Temps qui passe aura déserté l'espace
De nos jours et des saisons de printemps clairs.

Alors nous entrerons
Dans le Temps
Du désert.

Le 10/11/2019.

De ces méandres du temps où la rivière se perd
Je sais ce qui aime et tremble aux vents des solitudes.
Et quand le monde s'étourdit plus fort et gronde encore,
Nul ne sait plus ce qui chante aux arbres.

Les soirs d'automne sont déjà en hiver
Ils se prennent aux ombres des chemins cruels...

Nul ne sait plus ce qui monte du cœur et enivre les âmes
Non ! Nul ne sait plus !

Les chemins se sont perdus avec les âmes
Et la rivière s'est tue.

Je marche sur ce pont jeté entre les rives
S'étourdissent les haines aux mépris et les mépris aux haines

Nul ne sait plus la Lumière qui danse et se touche
Non ! Nul se sait plus !

Je voudrais briser ce pont devenu inutile
Repartir d'où je viens et suis.

D'où je suis, aucun cri pour tuer ou faire mourir l'autre

Mais La Vie d'avant les mondes, mais La Vie !

Le 6 /12/2019.

HÉLAS.

Hélas, qui me consolera de ces peines si lourdes que même les nuits n'en veulent pas !
Dans ce mugissement du cœur et des vents la solitude n'a plus de nom
Et se perd aux souffles migrateurs de la terre qui s'étouffe…

Il n'est qu'un seul pays !
Et c'est le tien Aimé,
Que j'ai choisi pour vivre.

Le 06/12/2019.

COMME UN PETIT PONT SUR L'EAU.
(à mon père).

Je dresserai des pierres comme un petit pont sur l'eau
Traverserai la rivière des souvenirs anciens
Et sous l'arbre aux mémoires viendrai retrouver
Les souvenirs d'hier, un jour, déposés.

Alors je te verrai dans la lumière de l'onde
Me sourire et puis, me faire un signe de la main…

Je t'enverrai des chants d'oiseau que tu pourras entendre
Parce que les oiseaux savent
le Chemin du Ciel
et que depuis là-haut,
tout se voit et s'entend…

Alors peut-être se verront sur leurs ailes
comme des pensées d'Amour
éblouissantes de lumière vivante

Et ce sera pour les jours anciens
Et ce sera pour les jours heureux

Ceux de l'enfance et des jours simples

Ceux de tes jours de père
Ceux de notre famille quand tout était ici...

Je n'aurai qu'à tendre la main pour toucher leurs ailes
Je n'aurai qu'à tendre la main

Se déchirera le voile de l'absence
Et ce sera pour le présent encore à vivre

Je n'aurai qu'à tendre la main...

Jusqu'au jour où tu te tiendras sur le petit pont de pierres
Jusqu'au jour où tu me tendras toi aussi la main

Et que nous nous retrouverons au-dessus des choses
Comme un petit pont sur l'eau.

Le 14/01/2020.

Tu sais bien Ô Mon Dieu que je T'aime quand

Je pousse mon cri de de larmes pour Te dire
Mes amis qui souffrent et qui pleurent
Sans savoir par où s'en va leur Vie.

Tu sais bien Ô Mon Dieu que je T'aime quand
Pour chacun de leur drame je Te prie
Si haut que même le chant des oiseaux
Ne monte pas si haut.

Tu sais bien Ô Mon Dieu que je T'aime quand
Je ne sais plus qui je suis dans l'anéantissement de mon âme
Et que je T'aime
Et que je T'aime
Comme un renard perdu dans la nuit.

Le 07/08/2019

Alors je m'abandonne à cet Instant d'Amour qui me brûle en ce lieu
De mon âme qui devient soudain
Espace et temps,
Et je sais qu'elle est bien ce Royaume
De Terre et de Ciel à jamais unis
Que l'on dit.

Et tout devient possible !
Les lois des hommes s'effondrent
Car tout est faux et mauvais
Et rien ne doit survivre,

D'un seul coup un Monde de Vérité
Émerge avec tous ses espoirs
Et je vois la Beauté comme une reine splendide s'avancer,
Un diadème de grandeur et pureté étoilées
Comme une Promesse éternelle, vers nous, s'avancer.

Le 7/08/2019.

SI TU PLEURES.

Mais si tu pleures, ami, j'aurai pour toi des grappes de mots
Qui sauvent et qui consolent.
D'où viendront-ils, je ne sais
Mais je peux te dire
Que, comme au temps des bourgeons qui s'ouvrent au miracle du jour,
Ils se délivreront en Grâce
En cet instant où les âmes sont nues et n'ont rien besoin d'autre

Oui, des mots seront donnés pour le cœur nu et malade
Car la Parole se donne par le Souffle du Tout Amour
Qui est Pur Instant de Grâce…

D'où sais-je cela ? je ne sais
Cela vient de mon âme car il y a en elle une Source
Qui me donne de l'eau quand j'ai soif et me répare quand j'ai mal
Un murmure d'Amour qui me fait Paix et Joie

Une Source qui ne tarit pas aux jours de drame

Un Souffle Pur brûlant mon âme…

Voilà la grandeur de l'Homme et pourquoi il est fait.

Voilà ce que je veille, voilà ce que je sais.

Alors une Source est donnée.

À toi aussi.

Le 7/08/2019

Perdu dans les collines
Je sais un rocher qui pleure
En goutte à goutte sur mon cœur
Ses larmes glissent sans bruit
Aux vents des solitudes…
S'entend sur les pierres le petit chuchotis
Du secret qu'elles murmurent dessous le ciel immense…

Et quand tout fait silence
Tout l'Univers danse

Et je chante le vent et la beauté du monde
Et je ris aux lumières et aux parfums subtils
Tant de beauté cachée à mon être révélée

Si petite ma vie dans le mystère des choses…

Le 20/12/2019.

CET ENDROIT DE L'HOMME.

Toi aussi tu le sais bien
Cet endroit de l'homme qui s'ouvre et qui soupire
Quand tu as mal et que soudain
Le Ciel te manque tant que ta propre vie devient vaine
De tout ce que tu es ou n'arrives pas à être…

Toi aussi tu le sais bien
Même quand tu ne veux pas le voir
Cet endroit qui t'appelle
Et quoi que tu fuies ou taises
Que tu enfouisses au loin
Te rappelle qui tu es et d'où tu viens.

Pourquoi toujours fuir ce qui
Pourtant est Paix et pure Beauté ?
Et loin de tuer l'homme, tout vient sauver ?

Faut-il donc venir s'échouer, épuisé,
Aux rives du désespoir
Pour que soudain un chemin s'ouvre

Dans les eaux de la Mer morte
De nos âmes ?

Toi aussi tu le sais bien
Comme le temps t'est compté
Et combien l'âme seule
D'un simple *Oui*, de tout,
Peut tout sauver.

Le 7/08/2019

Voici soudain comme un baiser de feu, puis tout s'embrase
Je suis la terre assoiffée, béante de son propre vide
La terre n'est plus la terre, et mon ciel s'ouvre à L'Au-Delà de moi

Es-Tu Vent ? Es-Tu Souffle ?
Es-Tu Éclair ? Es-Tu parfum ?
Es-Tu Feuille ? Es-Tu Eau ?
Es-Tu Feu ? Es-Tu Onde ?

C'est un vol d'Amour qui sur moi fond et me prend toute,
Ô Dieu ! Voici que Tu viens ! Et moi je ne suis rien…

Comment se fait-il que Tu viennes ici Te perdre
En ce néant de poussière et d'assèchement ?

Tu dis : « Mon Enfant, viens ! Mes rives sont douces
Et mon Chant d'Amour déborde. J'ai pour toi des feux et des grappes de fleurs
J'ai pour toi des lacs et des terres nouvelles
Et puis, une clairière que traverse un rayon de lumière
Et se pose sur ton cœur.
C'est de là que Je viens pour sécher toute larme … ».

Il essuie mes larmes et mes doutes
IL EST CELUI QUI EST
Il est le TOUT AMOUR.

Le 04 /02/ 2020.

LE TOUT AMOUR.

Il parle par les lumières oubliées du chemin
Il parle par la bouche des enfants et des anges
Il parle dans le murmure des branches
Et le Beau Livre en porte l'écho dans ce qu'il nous en reste à écrire…

Ne Le cherchez pas ailleurs !
Non ! Vous ne Le trouverez pas !

Il pleure par les larmes de celui qui est seul
Et resplendit aux étoiles quand la mémoire se perd,

Il crie par les haillons de l'homme sans toit
Qui supplie sans un mot et s'endort dans l'hiver…

Toi aussi tu Le connais.

… *LE TOUT AMOUR.*

Le 7/01/2020.

Mourir tant de fois, Oui : si c'est pour en Toi renaître !
Et me savoir si pauvre
Que sans Toi, Amour, je ne puis être…

Et je me tiens là debout, dans cette Aube du Jour
S'éloignent les mauvais sorts et les ronces du cœur
Dans le temple de l'âme comme les choses sont douces
Et simple à la fois la chanson du Bonheur…

Cette paresse du corps qui entrave mon âme
Je Te la donne encore, qu'elle s'enfuie loin de moi
Comme tout est libre et beau ! En ce lieu où Ta Flamme
Purifie tout mon être et m'origine en Toi !

Et je me donne alors à cet Instant d'Amour
Qui ne mourra jamais si je meure à moi-même…

Le 4 /01/2020.

QUAND LES MOTS.

Quand les mots seront taris dans le cœur du poète
Restera le Silence qui a nourri leur quête
Restera le Silence, Puissant Souffle de Vie
Restera le Silence, pour embraser nos nuits….

Quand les nuits seront froides à l'âme du poète
Resteront les étoiles qui font luire les êtres
Resteront les étoiles, douces Lumières de Vie,
Resteront les étoiles, pour danser sous la pluie…

Quand les pluies seront rouges du sang noir du poète
Quand s'ouvrira la terre, des cimes jusqu'aux abîmes
Quand s'ouvrira la terre, se révélera l'AMOUR
Pierre d'Angle de tous les êtres, naissant au Petit jour
Pierre d'Angle de tous les êtres naissant du Petit Jour.

Le 26/09/2018.

« Où les routes sont tracées, je perds mon chemin.
Sur la vaste mer, dans le bleu du ciel, il n'y a pas de lignes marquées.

Le sentier est caché par les ailes des oiseaux,
Le feu des étoiles, par les fleurs des saisons différentes.

Et je demande à mon cœur :
Ton sang ne porte-t-il pas la connaissance de l'invisible chemin ? ».

Rabindranath Tagore,
La jeune lune, Le jardinier d'Amour.

« Vous aussi, vous êtes comme des racines : comme elles vous possédez la sagesse de la Terre. Vous êtes silencieux, mais vous contenez, dans vos branches non encore nées, le chœur des quatre vents.

Vous êtes fragiles, et sans forme précise, mais vous êtes le commencement de chênes géants, et le dessin, à demi esquissé, des saules sous le ciel ».

Khalil Gibran, Le Jardin du Prophète.

BIBLIOGRAPHIE.

- *Dans un Vol de colombes*, éd. Bod, 2019.
- *Le chant de l'âme*, éd. Nouvelle Pléiade, 2018. *Diplôme d'honneur 2017 de la Société des Poètes Français, Paris.*
- *Les petits bonheurs*, éd. Bod, 2018.
- *Cherche Dieu ô mon Âme*, éd. du Net, 2016.
- *A l'ombre des arbres en paix, poèmes pour la Paix*, éd. Du Net, 2016. *Prix de l'Espoir, Jeux floraux Méditerranéens 2015.*
- *Les Volcans de Braise*, éd. Nouvelle Pléiade, 2015. *Prix Charles Baudelaire 2015 (Paris). Prix Poètes sans Frontières 2016. Prix de la Communauté de Lacq, Jeux Floraux du Béarn 2013.*
- *Gongs d'Haïkus, et autres petits poèmes,* éd. à Fleur d'âme, 2014.
- *Contes et enseignements de Maître Shen,* éd. à Fleur d'âme, 2014.
- *Pour que danse l'Enfance,* éd. à Fleur d'âme, 2013.
- *Pour que chante l'Enfance,* éd. Edilivre, 2013.
- *La Petite fille aux feuilles de feu*, conte philo, éd. Edilivre, 2012.
- *J'écrirai pour vous dire,* éd. Edilivre, 2012.
- *Méditations aux Monts Huang Shan,* éd. Edilivre, 2011.
- *Lettres ouvertes à l'Amour,* éd. Edilivre, 2011.
- Sur internet : https://marie-tuyet-recitals-et-poesie.jimdosite.com/ et YOUTUBE, chaîne de poésie MARIE TUYET.